諷 詩 調·31

2013년 5월

박진환 제49시집

지성 · 감성의 메타언어
조선문학시인선 · 346

諷 詩 調 · 31

2013년 5월

조선문학사

■ 책머리에

諷詩調는 카타르시스의 미학이다

諷詩調는 악의 교정을 통한 개선의 미학이자 이를 위해 감행하는 악에 대한 복수, 복수를 통한 카타르시스를 체험하게 하는 정화의 미학이다.

2013년 初夏

박 진 환

박진환 제49시집 / 諷詩調 · 31

2013년 5월

차례

책머리에 / 5

어째서 / 11
빠져나온 구멍마저 막아버렸는데 / 12
쓴 소리 피하려면 / 13
동여맴 면했으니 다행 / 14
글자놀이 · 1 / 15
글자놀이 · 2 / 16
글자놀이 · 3 / 17
왜 납작코 못 면해 / 18
묵자선생님 / 19
콧대 / 20
잦은 인도 성폭력 / 21
그게 어리석음인 것도 모르고 / 22
왕왕 먹칠 못 면할 텐데 / 23
어떻게 할깝쇼 / 24
문여시오 / 25
열어 開城 이름값 해봐 / 26
초가나 안 될지 / 27
길 막힌지 오래이니 / 28
하나 더 있지 / 29

흡사하지 않은가 / 30
안 그렇던가 / 31
손톱을 깎으며 / 32
지진 쓰나미보다 더 무서워 / 33
아는 체하고 있어 / 34
말씀으로 살고 싶다 / 35
허 참 / 36
노랠 좋아해서 / 37
욕심의 척도 / 38
달리 풀뿌리 인생이겄냐 / 39
아편보다 더 취하거든 / 40
미치긴 누가 미쳐 / 41
목하 성업중 / 42
누가 알아 / 43
질풍지경초 / 44
코피쯤 쏟아야 밤일인지 / 45
일자리 나누기여서 / 46
지옥살이도 못 면할 판 / 47
궁합 전혀 안 맞아 / 48
말씨름 못 면하거든 / 49
백수 못 면해서 / 50
동문서답 / 51
줄인 게야 / 52
남북대화 도레미파솔 / 53
금언과 철언 / 54
다르지 않아서 / 55
째려보고 있어서 / 56
알게 될까? / 57
한반도에 피지 / 58

그게 걱정이 돼서 / 59
같아지지 않겠나 / 60
천당 · 극락만 좇느니 / 61
고리 걸어 묶였어 / 62
바꾸는 지혜 배웠으면 / 63
뿐이고 / 64
막힌 물꼬 확 틀지 / 65
바꿔놓는 게 정치니 / 66
검정 일색인데 / 67
語花데 / 68
오락가락 하는 것을 / 69
다르지 않거니 / 70
수출이거든 / 71
멍코를 더 사랑한다 / 72
양극화시대 / 73
조자회담 안 되겠나 / 74
靑史 페이진 쓸 수 없을까 / 75
다시 막힐 판이니 / 76
그리워지거니 / 77
식어 못 먹게 됐으니 / 78
분명한 건 / 79
건자 돌림 세상 / 80
콘포미즘도 문제여서 / 81
시는 육체로 써 / 82
정직한 시지 / 83
정직이 아니던가 / 84
시자놀음으로 시시할밖에 / 85
육법전서에 있던가 / 86
바른 행동 보긴 이미 그른 걸 / 87

사면초가 못 면할 판 / 88
상식에도 못 미치는 병 / 89
자살한 영혼 교감 / 90
등이나 안 터질지 / 91
어쩐지 생각이 나서 / 92
하나 알지 못하는 건 / 93
감기나 풀리나 / 94
거들먹대다니 / 95
손가락질로 / 96
사자후 터뜨릴 수 있을라나 / 97
不자 전매특허라니 / 98
전 정권 / 99
주판알 유희만 즐기고 / 100
불치의 병 / 101
펴본들 어떠리 / 102
연홍지탄도 아닌데 / 103
말씀이야 / 104
속보인다 / 105
밭이 있어야지 / 106
안간 것만 못한 신세거든 / 107
뿌리가 내릴지? / 108
모르기 마련 / 109
피를 팔아도 못 갚아 / 110

어째서

창조경제 창시자 존 호킨스 조언과 함께 이스라엘 모델 경계
여건도 조건도 모델로는 경우가 다르다는 뜻일 터
어째서 MB 4대강 사업 생각케 할까

빠져나온 구멍마저 막아버렸는데

자유행 탈북 청소년 북송 두고 내 탓 네 탓 분분하던데
소경이 넘어지면 막대 탓한다고 눈먼 외교가 탓은 무슨 탓
눈만 멀었나, 구멍 난 외교, 빠져나온 구멍마저 막아버렸는데

쓴 소리 피하려면

묵살과 침묵으로 말꼬리를 잘라내 말을 피할 수도 있다
반대로 잘라낸 칼로 혀를 쪼개 두 개의 혀로 말하게 할 수도 있다
진실로 쓴 소리 피하려면 날 없이도 칼이 되는 진실을 말하면 된다

동여맴 면했으니 다행

납북이다, 탈북이다, 북송이다, 핵이다, 말 꺼냈다 하면 북녘 말

말 많은 다변은 혀가 동여매지 않으면 동여맴을 당한다던데

말 많이 하기보다 듣는 말이 더 많아 동여맴 면했으니 다행

글자놀이 · 1

조하르를 조로로 착각한 걸까? 조로가 되어 이름값 하고 싶었던 걸까?

아니면 폭탄테러를 조로의 의쯤으로 알았던 걸까?

의적 조로가 아닌 보스턴 테러범 조하르

글자놀이 · 2

상조가 대세라고? 글쎄? 거꾸로 돌려봐, 조상 세대지
조상도 제대로 못 모시는 세대들이 상조가 대세라니
사후 상조, 조상님네들 눈 감고도 외면해

글자놀이 · 3

일 아베총리 침략역사 부정

역사를 거꾸로 돌리려고? 쌍, 일 아베부터 거꾸로 돌려봐

베아일, 뭐 배앓이라고? 역사회충 득실거리면 배앓이 할밖에

왜 납작코 못 면해

일 아베, 콧대 높아지더니 코끝이 간질간질한지 재채기 심하다
아베노믹스 재채기, 침략부정 재채기, 신사참배 재채기
한참 콧대 높이는 중인데 양코뱅이 앞에선 왜 납작코 못 면해

묵자선생님

침략을 명예와 정의로 알고 불의인줄 모르는 무식한 섬것들
묵자선생님, 이 무식 깨우치려면 어떻게 가르쳐야 하나요?
'고의적 무지는 범죄'라고 갈겨 써 마빡에 붙여주라고요?

콧대

낮은 것으로 만들어내는 높이도 있데, 엔저로 높아진 일본 콧대
높은 것에서 낮아지는 것도 있데, 일에 역전당한 한국경제 콧대
높아졌다 낮아졌다 콧대도 흡사 선하심후하심과 같아서

※ 선하심후하심(先何心後何心) : 먼저는 무슨 마음이고 나중은 또 무슨 마음이냐는 뜻으로 이랬다저랬다 변덕스런 마음을 이르는 말.

잦은 인도 성폭력

한국에만 인간 수컷 있는 줄 알았더니 인도에도 많데
사람을 어찌 수컷운운 하냐고? 짐승 못면하면 수컷이지
암컷 · 수컷 쓸만하니까 쓴다고, 여기가 동방예의지국이거든

그게 어리석음인 것도 모르고

눈은 번뜩이는 지성을, 코는 어리석음을 드러내는 기관이라던데
양코뱅이 상대로 납작코 못면했던 콧대, 아베노믹스로 높아지더니
안하무인, 침략왜곡에 망언까지, 그게 어리석음인 것도 모르고

왕왕 먹칠 못 면할 텐데

미 또 총기난사사건으로 1등 법치국가 체면에 왕먹칠
헌데도 이쪽에선 저쪽, 선망으로도 부족해 왕선망하는 나라
불법총기 소지에 총질까지 따라하면 왕왕 먹칠 못 면할 텐데

어떻게 할깝쇼

앞으로 학교시험문제 교과서에서만 출제하라고요?
글쎄요? 교과마다 교과서 수십종씩인데 어느 책에서 출제할깝쇼?
지엄하신 분부, 교육법에도 교과서에도 답이 없으니 어떻게 할깝쇼

문 여시오

사전엔 開城을 문을 엶, 적에게 항복함으로 풀이돼 있던데 고려수도 開城을 사전풀이 開城으로 잘못알고 닫아건건 아니오? 북녘분들, 우린 군사가 아닌 장사하러간 보부상들이니 문 여시오

열어 開城 이름값 해봐

무슨 보물창고나 비밀창고라도 된 듯 닫아걸고 열지 않는 開城
한번 외쳐볼까, 열려라 참깨
참깨가 기냐, 짧냐 헛수작 말고 열어 開城 이름값 하라고

※ 참깨가 기냐, 짧냐 : 변변치 못한 사람들이 조그만 일에 시비를 한다는 뜻으로 쓰인 우리 속담.

초가나 안 될지

전 푸른집 주인님은 몇백억인가 들여 집단장한다던데
경제민주화 제동에, 개성공단 폐쇄, 대변인 성추문까지
겹겹으로 에워싼 사면초가, 이러다 푸른집 사면 초가삼간 안 될지

길 막힌지 오래이니

오 감은 길이 있음이고 길이 있으면 왕래가 이루어지는 법인데 오곤 못가고 못가 올일 없으니 길이 막힌지 오래란 뜻, 본래 오래는 한 이웃돼 사는 구역을 말함인데 이웃·구역간 길 막힌지 오래이니

하나 더 있지

치고받고, 때리고 맞고, 불토하고, 우르르쾅쾅 소리치고
한치의 양보도 없이 벌이는 뇌성 · 번개 · 벽력 · 오기의 기싸움
한반도의 기류가 부리는 꼬라지는 저리가라여, 남북의 五氣 아닌 오기

※ 오기(五氣) : 비 오고 별 나고, 덥고 춥고, 바람 부는 다섯 가지 일기.

흡사하지 않는가

울보애가 있었다, 한번 울면 줄을음, 달래도 겁줘도 안그쳤다
울다울다 지치면 "그만 울라고 해야"라며 그칠 명분을 제시했다
비슷한 명분찾기, 요즘 남북의 기싸움이 흡사하거든

안 그렇던가

칼은 칼, 불은 불, 미사일은 미사일, 침묵은 침묵으로 맞대응
어디서 많이 구경했는데, 어디서 봤더라?
영화관이었던가? 영화관은 무슨, 남북 기싸움이 안그렇던가

손톱을 깎으며

손톱을 깎는다, 원시의 눈금이 한눈금씩 잘려나가고
잘려나간만큼 문명의 눈금이 한눈금씩 자란다
뼘으론 잴 수도 읽을 수도 없는 원시와 문명 척도의 눈금 손톱

지진 쓰나미보다 더 무서워

일 아베수상 잘못 뱉은 망언으로 국제적 뭇매 못면하던데
태형쯤이야 장골라 닮았으니 견디면 그만이지만 망자돌림
망신에서 망국으로 이어지면 쓰나미 여론 파고에 익사 못면해

아는 체하고 있어

한·미 군사훈련 시작되면 북 신경질적 맞불작전
한반도 평화유지, 긴장해소 위해 피차 관두면 안돼냐고? 천만에
긴장이 균형·평화·생존법칙이라고, 아는 체하고 있어

말씀으로 살고 싶다

큰말씀은 말을 안하는 것이란 장자의 말씀,
기 말을 했으니 작은말씀이나 큰말씀 있음을 알게 했으니 큰말씀이다
말로 사는 말 많은 세상, 말 않고도 말씀이 되는 말씀으로 살고 싶다

허 참

히아신스가 꽃의 무게 탓인지, 꼬라지 탓인지 삐딱하게 기울었다
내자왈 당신을 보고 싶거든 꽃을 보란다, 꼬라지가 더럽단 뜻을 터
개 눈엔 뭣만 보인다더니 순수의 무게를 꼬라지에 견주다니, 허 참

노랠 좋아해서

미사일 날건 말건, 비행기 날건 말건
포문 터지건 말건, 말폭탄 터지건 말건
5만여 군중 싸이 공연장에 모여, 역시 전쟁보다 노랠 좋아해서

욕심의 척도

꽃이냐?

열매냐?

꽃과 열매 둘 다냐?

달리 풀뿌리 인생이겠냐

樂이냐, Rock이냐? 따져 뭣하냐, 노래하고 춤추며 즐기면 되는걸
리듬이 틀리면 어떻고 스텝이 꼬이면 어떻냐, 맺히고 억울한 한
풀고 풀어 풀뿌리 인생 즐기면 되지, 달리 풀뿌리 인생이겠냐

아편보다 더 취하거든

내자왈, 맨날 풍시조만 쓰느냐며, 밥이 나오냐? 돈이 나오냔다
돈도 밥도 안나오지, 헌데 나오는 것도 있지, 엔돌핀
밥으로도 맛 못보고 돈으로도 못사는 엔돌핀, 아편보다 더 취하거든

미치긴 누가 미쳐

자나깨나 풍시조만 쓴다고 아내왈 미쳤단다, 그래 미쳤다, 미쳐
위대한 천재는 다소의 광기가 있다, 미치지 않고선 어떤 예술도
성공할 수 없다는 세네카와 볼테르의 말씀, 아무나 미치는줄 알아

목하 성업중

흥정꾼은 한쪽은 속이고 한쪽은 약탈한다던데, 속아주지도 않고
빼앗겨주지도 않으면 성사불가, 남북·북미가 딱 그래
흥정거리만 좋아봐, 거간꾼 진치지, 핵장사 그래서 목하 성업중

누가 알아

남, 미 대화제의 북측 거부 두고 유감표명이던데
까마귀 울음 까옥을 가오로 잘못들을 수도
먹이에 메밀 섞어 내밀어봐, 백조가 될지 누가 알아

질풍지경초

당 · 청 압력에도 굴하지 않고 금리동결 단행한 한은총재
그만한 배짱 · 신념 지녀 꺾이지 않았다면 질풍지경초 아니던가
대를 위해 희생시킨 소, 동결로 해동도 더 크고 빨리 부를수도

※ 질풍지경초(疾風知勁草) : 거센 바람을 만나 모든 풀이 꺾이어도 그 중에 꺾이지 않고 꿋꿋이 서 있는 풀을 볼 때 비로소 그 풀의 굳셈을 안다는 뜻.

코피쯤 쏟아야 밤일이지

어젯밤 뭘 했기에 그리 개골개골이야
뭘 하긴, 밤일했지
밤일이면 코피쯤 쏟아야 밤일이지, 개골개골이면 낮거리지

일자리 나누기여서

일자리 창조, 일자리 만들기, 일자리 나누기, 말끝마다 일자리
일자리 만들어 백수 면하게 하면 그 아니 좋겠나만
일자리 창조란 게 일자리 만들기가 아닌 일자리 나누기여서

지옥살이 못 면할 판

원전 오 가동 중지로 전력난 불 보듯 뻔해
불이라도 보면 좋게, 불에 타죽는 연옥신세 못 면하거나
불도 못 켜 캄캄한 어둠, 지옥살이도 못 면할 판

궁합 전혀 안 맞아

한·중·미 밀착에 북·일 열외 되면 반응 어떨까?
필시 북·일·소 밀착 연계, 새 축 시도할 터
차라리 그리되면 좋으련만 북·일, 밀월하기엔 궁합 전혀 안 맞아

말씨름 못 면하거든

북송이다, 유인 납치다, 남북 사사건건 기싸움
기라는 게 꺾이거나, 막히거나, 오르거나, 죽거나, 질리거나
여세추이로 워낙 변덕이 심해서 기 아닌 말씨름 못 면하거든

※ 여세추이(與世推移) : 세상의 변함을 좇아 함께 변하는 일을 이름.

백수 못 면해서

행복기금으론 국민행복 실현 불가, 행복은 돈으론 못 사거든
땀 흘려 일하며 사는 보람이 진정한 행복, 그러려면 백수 면해야
헌데 百數를 짜내도 일자리 창출 묘수 못 찾으니 白手 못 면해서

동문서답

YS, DJ, MH, MB, 네 분 전직 대통령의 한일방담 동문서답
YS : 난 매일 조깅한다, DJ : 난 절뚝거려도 평양 갔다 왔다
MH : 난 3·8선 걸어서 넘어갔다, MB : 난 세계일주 했다

줄인 게야

원전, 원전 해쌌던데 이자는 고사하고 꿔준 원전도 뗀 게야?
개 눈엔 똥만 보인다고, 돈에 환장하면 헛소리 들리기 마련
원전 부정, 원전 국정원장 부정 입에 담기 싫어 원전 원전 줄인 게야

남북대화 도레미파솔

너무 오래 생떼도, 순리도, 오기도 풀지 못하고 도에 머물렀어
도 다음은 레이니 서로 오고가면 돼, 레가 아니고 래라고?
래면 어떻고 레면 어때, 미로 유종의 미 거두면 되는 것을

금언과 철언

말에도 금언이 있고 철언이 있지
영원히 빛을 발하는 금언, 쇠창살이나 쇠고랑이 되는 철언
일본의 망언들 봐, 쇠창살, 쇠고랑이 되어 스스로를 묶고 가두지

다르지 않아서

남북대화 재개, 세계가 환영 일색
일색은 좋네마는 이색 삼색으로 대화 색깔 달리하면 어쩌나
그놈의 핵이란 게 뺄겋고 시커멓기가 북녘 속내와 다르지 않아서

째려보고 있어서

개성공단에서 땀 흘리며 일하고, 금강산에서 땀 식히면
땀 흘리는 보람, 쉬는 기쁨, 그게 행복 아니던가
헌데 저승사자 같은 핵이 눈 부라리며 째려보고 있어서

알게 될까?

종교이자 신앙이고 신인 핵을
절대이며 생명이며 구원으로 아는 이단 북녘
삼단, 사단쯤 올라가면 재앙·멸망의 사교란 걸 알게 될까?

한반도에 피지

내친 김에 남북정상회담 가지면 얼마나 좋을까
한·미, 한·중, 북·중, 북·미도 좋지만 남·북이면 더 좋을 듯
좋고 좋고 더 좋으면 호호호, 꽃 중의 꽃 웃음꽃 한반도에 피지

그게 걱정이 돼서

오랜만의 남북대화, 흉충반흉 꼴사나운 꼴 서로 안 보여야 할 텐데
말보다 먼저 하는 말이 짓는 표정이어서
낙태한 고양이 상※이나 안 보일지 그게 걱정이 돼서

※ 흉충반흉(凶虫反凶) : 보기 싫은 것이 더 미운 짓거리를 할 때 쓰는 말.

※ 잔뜩 찌푸리고 있는 고양이 상판대기를 이르는 우리 속담.

같아지지 않겠나

행하는 일과 원하는 일의 불일치를 포탄희량이라 하던가
이웃에 그런 분 있던데 어쩜 좋아
어쩌긴, 불만 버리면 시원할 터, 행함과 원함이 같아지지 않겠나

※ 포탄희량(抱炭希凉) : 불을 품고 있으면서 시원하기를 원함이니 행하는 일과 원하는 일이 서로 맞지 않음을 이르는 魏志에 나오는 말.

천당·극락만 좇느니

모든 종교는 도덕을 그 전제로 한다던데
회보미방이면 전제인 도덕 외면한 꼴
그 꼴에 미방은 뒷전, 천당·극락만 앞세워 좇느니

※ 회보미방(懷宝迷邦) : 도덕을 간직하고도 나라의 어지러움을 구하지 않음을 이르는 말.

고리 걸어 묶였어

고리원전의고리가 달리 고리겠나
부패의 고리란 고리 다 걸어 원전마다 고리띠 둘렀단 뜻이지
원전 거꾸로 해봐 전원, 헌데 전원마다 방전파 고리 걸어 묶였어

바꾸는 지혜 배웠으면

옛분들 달리 자피생충이란 말 즐겨 썼겠나
자고로 집안·형제간 싸움은 피차 패가망신 못 면한 때문이지
남북도 선인들 말씀 좇아 不和 돌려 不禍로 바꾸는 지혜 배웠으면

※ 자피생충(自皮生虫) : 가죽에 좀이 생겨 갉아먹게 되면 끝내는 가죽도 못쓰고 좀도 죽게 된다는 뜻으로 형제나 집안싸움도 그리된다는 말.

뿐이고

둘러보고 둘러봐도 잘난 사람, 가진 사람, 힘 있는 사람뿐이고
둘러보고 둘러봐도 못난 사람, 없는 사람, 약한 사람뿐이고
둘러보고 둘러봐도 비리 · 부정 · 부패에 3 곱하기뿐이고

막힌 물꼬 확 틀지

더워 더워 더워, 더우니 물만 찾지 워터 워터 워터
극과 극은 통한다던데 더위와 물처럼 남북도 통할까
이번 장관회의 보면 알아, 장관 거꾸로 관장이니 막힌 물꼬 확 틀지

바꿔놓는 게 정치니

정치는 기술, 기술 중에서도 완벽하게 속이는 기술
하여 속이지 않으면 선정, 속이면 악정, 헌데 어쩐다
안 속으면 지옥, 속으면 천당, 지옥과 천당도 속이는 게 정치니

검정 일색인데

염색을 한다, 인위에 의해 무위가 까맣게 물든다
시커멀수록 칠해지는 자족
어디 염색뿐이겠는가? 세상도 다르지 않아 검정 일색인데

語花데

중국 시진핑 사모님, 북녘 김성해 대표 화면발 잘 받데
여자를 교회에선 성녀, 거리에선 천사, 가정에선 악마라던데
정치에선 사진발 잘 받는 꽃 중의 꽃 語花데

오락가락 하는 것을

양심도서관의 책, 10권 중 9권은 대출됐다 안 돌아온다고
양심 찾으러 갔다가 되레 양심 빼앗기고 오거든
허나 탓해 뭘 하겠나, 양심이란 게 본래 오락가락하는 것을

다르지 않거니

귀에 익숙한 아베노믹스보다 근혜노믹스는 좀 설다
엔화 장난 앞세운 경제와 창조·민주경제는 본질적으로 다르지만
어떻든 대세는 노믹스, 치적 1위로 삼는 건 다르지 않거니

수출이거든

아베노믹스, 근혜노믹스, 혹여 정은노믹스도 안 나올지
헌데 엔화가 있나, 창조경제가 있나, 내세울게 없잖아
모르시는 말씀, 핵이 곧 경제고 자본이고 수출이거든

멍코를 더 사랑한다

내자는 냄새를 잘 맡는다고 내 코를 명코라 한다
나는 냄새라곤 맡지 못하는 내자의 코를 멍코라 한다
허나 동취만 잘 맡아내는 내 명코보다 내자의 멍코를 더 사랑한다

양극화시대

서둘다 지쳐 쓰러지면 게으름만 못하고, 게을러
일어서기 싫어하면 쓰러짐만 못한 완급 양극화시대
답은 완급 조절장치 중간댄데 그거 없어진지 이미 오래여서

조자회담 안 되겠나

남북 당국자회담, 관심은 고조, 확신은 저조
고와 저는 상극이지만, 조는 높낮이가 없는 고름이니
상생조로 놀아 봐, 공조·동조·협조 조자회담 안 되겠나

青史 페이진 쓸 수 없을까

네 탓·내 탓 하지 말고 마음 고쳐먹었으면
격·급수 따지지 말고 형님·아우로 만날 순 없는 걸까
불통 남북 고집 풀어 소통물길 먹물삼아 청사 페이진 쓸 수 없을까

다시 막힐 판이니

남북장관 회의 성사됐으면 한반도 고질병 변비 고쳤을 것을
장관 거꾸로 돌려봐, 관장, 막힌 장 뚫는단 말 아니던가
헌데 북녘 똥고집에 뚫린 똥구 다시 막힐 판이니

그리워지거니

남북 기싸움에 고질병 변비 덧나겠다
허긴 기싸움 멈추면 숨통도 함께 멎지
숨마저 못 쉬어봐, 기싸움 그리워지거니

식어 못 먹게 됐으니

남북 당국자회담 장소 무슨 호텔씩이나
라면 끓여 놓고 형님 먼저 아우 먼저 권커니잣커니 하면 될 걸
걱 놓고 티격태격, 차려놓은 라면도 식어 못 먹게 됐으니

분명한 건

지지 않으려고 기를 쓰는 것과 이기려고 기를 쓰는 것
같은 것도 다른 것도 같아 구별이 불분명한데
분명한 건 기는 다같은 긴데 남녘은 정기, 북녘은 오기라는 점

건자 돌림 세상

자고나면 이런 저런 사건으로 얼룩진 세상
미국은 총기난사 건(gun)으로, 일본은 역사왜곡 말 더듬이 건(謇)으로
코리아는 붉은 머리띠 두른 건(巾)으로, 건건건 건자 돌림 세상

콘포미즘도 문제여서

남북회담 무산 책임 양비론은 불가라?
허면 무조건 북은 잘못했고 남은 잘못이 없다는 이치
양비론도 문제지만 콘포미즘의 경직성도 문제여서

※ conformism : 획일주의.

시는 육체로 써

시를 영감·위트·지적조작으로 쓴다고? 그건 정신적 사치야

체험으로 썼을 때의 체험은 육체이고 정신은 보조야

시는 정신으로 쓰기보다 육체 그 건강으로 써, 아파 봐 시는 무슨 시

정직한 시지

육체로 시를 쓴다 했더니 미쳤다고? 안 미쳤지
정신이 썩어 문드러진 세상에 정신으로 쓴 시가 되레 미친 게지
육신처럼 정직한 게 또 있나, 정직한 육체로 써야 정직한 시지

정직이 아니던가

안 아파도 1주일만 굶어 봐, 육체는 버텨도 정신은 나가버려

어느 편이 더 정직한 인간다움인가?

시란 인간보다 인간다움을 드러내고자 한 정직이 아니던가

시자놀음으로 시시할밖에

아무리 육체가 지키고 또 지켜도 이해 따라 시절 따라
외면하고 등지고 돌아서는 배신 일삼는 양심이란 놈
그놈이 시를 쓴다고? 허니 시자놀음으로 시시할밖에

육법전서에 있던가

외국에선 대통령도 총리도 지은 죄 분명하면 구속하던데
전관예우지, 법이 무른지, 편법인지, 나는 새도 떨어뜨린다는 분
유죄 분명한데도 불구속 입건, 편법이란 법도 육법전서에 있던가

바른 행동 보긴 이미 그른 걸

행동하는 양심이라 했던가, 허면 양심이 발라야 행동도 바를 터
헌데 어쩐다, 양심이란 양심 귀양간지 이미 오래
못 면할 종신 귀양살이니 바른 행동 보긴 이미 그른 걸

사면초가 못 면할 판

행복주택, 국민 주거 행복 위해 짓는다는 정부
안 행복해도 좋으니 짓지 말라고 항의 데모하는 주민
행복위해, 행복거부, 행복도 사면초가 못 면할 판

상식에도 못 미치는 법

불법적발 어린이집 85%가 정부인증 우수시설이었다데
어찌해서 우수가 불법이 되고 불법이 우수가 됐을까?
상식으론 불가능하고 법으로 가능한 상식에도 못 미치는 법

자살한 영훈 교감

영훈 거꾸로 하면 훈령, 무엇을 지시했을까?

불법입학, 불법운영, 불법재정 등 학사 전반 아니었을까?

저지른 죗값 무거워 추에 달 듯 의문부에 목매 자살한 영훈 교감

등이나 안 터질지

세계가 온통 협조·협력·협동·협상·협의·협자 놀음보다
오기·이기·치기·받기·빼앗기, 기자 놀음 즐기던데, 그 서슬에
고래싸움에 새우등 터진다고 허리 휜 한반도 등이나 안 터질지

어쩐지 생각이 나서

박 대통령 왈 창조경제란 상상력이라시던데
파스칼은 상상력을 오류·허위보다 더 교활하다고
창조경제 상상력은 이와 다르겠지만, 어쩐지 생각이 나서

하나 알지 못하는 건

박 대통령이 수필가라는 건 천하가 다 아는 사실
문학이 상상력의 산물이라는 것도 천하가 다 아는 사실
허나 하나 알지 못하는 건 창조경제도 상상력의 산물이란 점

감기나 풀리나

한·미, 북·중, 한·중, 한반도 둘러싸고 얽히고설킨 정세
실마리 풀리는 건지, 되레 얽히는 건지 미지수 혼미
혼미·미혼, 미혼·혼미, 청실홍실 실타래 감기나 풀리나

거들먹대다니

공공기관장 D등급 낙제점 수두룩, E급은 더 수두룩
학점으로 치면 F학점, 은어로 치면 권총 찬 셈
글쎄, 군사정권시대도 아닌데 권총 차고 거들먹대다니

손가락질로

한쪽 손 아무리 쳐대도 소리 안나, 두 손 마주쳐야 소리나지
허긴 손바닥 아프게 두 손 마주쳐 박수칠 일이 있어야지
손가락질로 삿대질하기에도 바쁜 남북인데

사자후 터뜨릴 수 있을라나

미국 온라인 감시 등치 값도 못한 소인배 짓
세계가 입 달린 사람이면 비난 쏟아내는데
얌전해라 코리아의 침묵, 언제나 사자후는 터뜨릴 수 있을라나

不자 전매특허라니

눈 떴다 하면 반기듯 토해내는 바보상자의 육성

부정 · 부패 · 부실 · 불법 등 不자 놀음

佛도 있고 㔗도 있고, 弗도 있는데 하필이면 不자 전매특허라니

전 정권

4대강 적자 메우기 위해 물 값 올린다고? 꼴좋다
반대 무릅쓰고 강행하더니 국민 혈세로 적자 메워야 할 판
그 꼴에 꼴값한다고 물 값도 못한 MB 전 정권

주판알 유희만 즐기고

자자, 돈놓고 돈먹기, 야바위도 아니고 은행마다 부당이득 챙겨
나랏님은 창조·창조, 상상력 발동 외쳐대는데
귀머거리 은행들은 창조는 무슨, 주판알 유희만 즐기고

불치의 병

먹지 않고도 스스로를 깨닫는 각성제 외로움은
해독제가 없는, 중독됐다 하면 치유불능의 맹독성 마약
현대인의 앓고 있는 불치의 병

펴본들 어떠리

한·중, 북·중, 북·미, 한·미, 한반도 앞에 하고 긴박에 긴박 또 긴박
그래, 김과 박
마주하고 맞손 잡고 반만년 등 굽은 허리 펴본들 어떠리

연홍지탄도 아닌데

미 오바마 보유핵 3분의 1 축소제의, 일언지하에 소 거부
어디 쌍수환영 기대했겠나, 속셈 따로 있는데
그보다는 밀월관계도, 연홍지탄도 아닌데

※ 연홍지탄(燕鴻之歎) : 제비는 봄에 와서 가을에, 기러기는 가을에 와서 봄에 돌아가니 서로 상치된다는 뜻으로 길이 어긋나 서로 만나지 못함을 탄식한다는 말.

말씀이야

나랏님, 증세는 없다더니 집권 반여 년에 재산세 올려
재산세뿐이면 좋은데 앞으로 각종 세 오르기 기다리며 줄서있어
재미있는 건 집값을 내리는데 재산세는 오른단 말씀이야

속보인다

야, 국정원 대선 개입 추궁에 여, NLL로 맞불작전
암, 당할 수만은 없지, 헌데 세상은 창조가 대센대 영 구식
아무리 구관이 명관이라지만 워낙 낡고 뻔한 술수여서 속보인다

밭이 있어야지

행복도 심으면 싹이 날까? 싹이 돋아 꽃 피긴 피는 걸까?
글쎄, 경작자 있단 말도, 꽃씨나 모종 판단 말 못 들어서
들으면 뭘 해, 귀동냥으로 농사짓나? 밭이 있어야지

안 간 것만도 못한 신세거든

북·중, 한·중, 국빈이다, 특사다 중국 중심으로 축 돌리던데
문제는 중국의 태도, 맞는 환영보다 보내는 환영 누가 받느냐지
보내는 환영 극진하면 안 간 것만도 못한 신세거든

뿌리나 내릴지?

콩 심은데 콩 나고 팥 심은데 팥 난다, 허면
민주 심으면 민주 나고 창조 심으면 창조 나올까?
글쎄, 워낙 박토에다 뿌리 또한 박래품이어서 뿌리나 내릴지?

모르기 마련

독도는 우리 땅, 아무리 외쳐 봐도 헛구호 방언처럼 들려
한국사를 안 배우니 누구네 땅인지 관심조차 없어
역사를 모르면 뿌릴 모르고, 뿌릴 모르면 조국이란 말도 모르기 마련

피를 팔아도 못 갚아

코리아 자영업자 72%가 빚 갚기 힘들다 실토
다행이네, 더 빚 안지고 힘들어도 갚으면 되니까
헌데 빚지기는 누워서 떡먹기, 빚 갚기는 피를 팔아도 못 갚아

•

박진환 시인은 전남 해남 출신으로 동국대 국문학과를 거쳐 중앙대 대학원을 졸업(문학박사)했다. 1960년 동아일보 신춘문예(詩)·1963년 自由文學(문학평론)으로 문단에 데뷔했고, 국제PEN한국본부 사무국장 및 이사, 한국문협 고문을 역임했다. 제9회 시문학상, 제3회 비평문학상, 펜문학상, 윤동주문학상 등을 수상했고, 한서대학교 교수 및 예술대학원장을 역임했으며 현재 월간『조선문학』발행인 겸 주간으로 있다. 중요 저서로는 시집에『귀로』,『사랑법』,『꽃시집』,『三行詩抄』Ⅰ~Ⅺ『諷詩調』,『박진환시전집』Ⅰ·Ⅱ·Ⅲ·Ⅳ·Ⅴ,『物神時代』Ⅰ·Ⅱ·Ⅲ·Ⅳ·Ⅴ,『동굴일지』Ⅰ·Ⅱ·Ⅲ·Ⅳ·Ⅴ,『2012년 8월』에서『2013년 7월』까지 51권의 시집이 있고 평론집으로『한국현대시인론』,『현대시론』,『21C시학과 시법』등 다수와『한국시의 공간구조연구』,『21C 시학』,『시창작론』,『諷詩調詩學』외 다수의 역저가 있다.

•

조선문학시인선 346

諷 詩 調·31

2013년 5월

2013년 7월 20일 인쇄
2013년 7월 30일 발행

지은이 / 박진환
발행인 / 박진환
펴낸곳 / 조선문학사
등록번호 / 1-2733
주소 / 110-092 서울 서대문구 홍제2동 96-4
전화 / 02-730-2255
팩스 / 02-723-9373

ISBN 978-89-98115-27-2

정가 10,000원